POESÍA PARA VALIENTES

Cristina Pilar Martínez García

Colección ites

POESÍA PARA VALIENTES

© Cristina Pilar Martínez García
© de esta edición: Olé Libros, 2025

ISBN: 979-13-87620-31-8
Depósito legal: V-869-2025
Impreso en España

KALOSINI, S. L.
Grupo editorial olélibros
equipo@olelibros.com
www.olelibros.com

A mi padre, que ya no puede escucharme recitar estos versos pero que siempre consideró que, dedicarse a escribir, era una mezcla de valentía y locura.

Valientes para SER...
por encima del «DEBER» ser.

ME CONFIESO CULPABLE

Si no me defino por mí misma,
seré aplastada en las fantasías de los demás y devorada por su uso.
AUDRE LORDE

Sí. Me confieso culpable
de no creerme que una mujer
no puede, ni debe, ser ambiciosa.
De no vivir a la sombra
de un hombre.
Ni de nadie.
Culpable de no ser sombra.
Sí. Me confieso culpable
de luchar contra lo injusto.
Culpable de empoderarme.
De ir tras mi sueño
mientras arranco los puñales de la piel de mi espalda.
Armas arrojadizas como hiel
de palabras muertas y ajadas.
Culpable de andar, a pesar
de la sangre de mis heridas,
y aún así no sentir necesidad
ni de reír las gracias, ni bailar
al son *del color* más
caliente.
¡Que mi condena sea ejemplar!
pues me atreví a plantar cara.
A decidir cuándo hablar y callar.
Me merezco cadena perpetua
por haber amado,
por haberme equivocado.

Por gritar
cuando lo más sensato
era callar.
Por no seguirme el juego
a este tablero de dados amañados.
Por querer ganar sin trampas,
pero no a cualquier precio.
Sí, me confieso culpable
de vivir como quiero
y de perder
hasta el último aliento
al regalar la sonrisa
que no me sobraba.
¡De haber desplegado alas!
contra viento y contramarea
y por ti...
y hasta *a pesar* de ti.
Culpable de mi descaro.
De la sinceridad
que pides y luego molesta.
De mi espontaneidad
premeditada.
¡Sí! Me confieso de haber sido yo.
De ser yo.
De seguir siendo yo...
pese a ti.

Sí, SEÑOR PROFESOR

Durante la mayor parte de la historia, Anónimo fue una mujer.

VIRGINIA WOOLF

Sí, señor profesor,
eso dije...
Quizá fue solo un loco desvarío
pero prefiero, mil veces, ser Helena,
aquella que tal era su belleza
¡que enfrentó a mil navíos!
Pensar que hubo
una sola vez en el mundo
una guerra que fue por amor...
y no por poder, dinero o territorio.
Aunque los muertos fueran los de siempre
bajo el yugo de algún señor.
Así que sí, señor profesor...
prefiero ser la *pérfida adúltera*
que la dulce Penélope
que espera sin desesperar
tejiendo una colcha eterna.
Mientras la Historia olvida contar
la pericia *de la sumisa*
administrando un gobierno.
Suspéndame, señor profesor...
estoy escasa de fe
y un poco harta también
¡de tanto despropósito!
Así que no.
No me sé la lección.

No he querido aprendérmela
y mucho menos creérmela.
Sí, señor profesor,
debería suspenderme en Historia
por no haberme aprendido la lección.
La letra con sangre entra, bien sé yo...

Debería usted también
suspenderme en religión,
puesto que me cuesta creer
que fuimos creadas de una costilla
y que solo por ser mujer
parecí una buena compañía.
Y eso de que estemos hechos de barro...
también me cuesta creerlo.
Porque yo tuve que vivir como si fuese puro acero,
para que otros se lleven la gloria,
las loas y epopeyas
y letras de oro en la Historia.
Esa Historia que le pido me suspenda...
¡por clemencia!
Y también por insurgencia,
pues me dieron voto.
¡Ay, universal sufragio!
No sin antes haber sufrido mil atropellos.
Mil lágrimas derramadas en cada batalla.
Sin armas y a manos desnudas
¡hasta la educación me fue vetada!

Así que sí, me merezco el suspenso,
señor profesor.
Yo seguiré con mi pluma y mi teatro
y la sátira en mi opinión.

Con mi vida y mis batallas.
Con mis heridas
y las cicatrices.
Seguiré mordiendo el polvo
y regalando versos
y abrazando a manos llenas
y llorando desde el centro del corazón.
Y alzando el vuelo y prendiendo en llama.
Que todo eso es la vida.
La que yo escojo y siembro.
La que desangra mi pluma sin musa.
La que ríe más que llora y lo haré.
Juro que lo haré.
Mi palabra tiene más valor
que su suspenso...
que yo seguiré sumando versos
y enfrentando naciones,
tejiendo colchas, bordando pendones
y muy probablemente
suspendiendo también... ¡mis labores!

Y, ahora que lo pienso bien,
suspéndame literatura también.
Porque entre Góngora y Quevedo,
solo hallo a Calderón
con *una vida que es sueño*
y que ninguna mujer la vivió.

SOMOS TORMENTA

Una mujer es como una bolsa de té;
no sabes lo fuerte que es hasta que la pones en agua caliente.

MAYA ANGELOU

Somos tormenta.
No brisa suave,
no gota que se disipa.
Somos trueno que rompe,
el rayo que parte,
la ola que devora.

Nos dijeron:
«Calla, espera tu turno».
Pero ¿esperar?
NO.
Nos alzamos entre el ruido
porque si el silencio es oro,
preferimos el fuego.

Nos quieren dóciles,
sumisas,
como ríos tranquilos,
pero NO.
Nacimos para romper,
desbordar,
gritar en un mundo
que teme escucharnos.

Nos llaman rebeldes,
inconformistas,
locas del coño,

feminazis,
amargadas,
reprimidas
y tienen razón.
Somos el eco de las que callaron,
el rugido de las que condenaron a la hoguera
porque se atrevieron a cuestionar.

Nos dieron cajas,
límites,
«sé lo que quieras,
pero encaja».
NO.
Nos hicimos polvo de sus moldes,
y ahora...
somos tormenta.
Incontenible,
imparable.

Nos critican por no permanecer quietas,
por no agachar la cabeza.
Nacimos para sacudir,
para arrancar lo que oprime,
para arder quemando su pira.

No pedimos permiso,
no somos su problema.
Somos la solución que no querían escuchar.

Somos tormenta,
y el mundo tendrá que aprender
a sobrevivirnos.

LAS CULPABLES DEL TODO

La mujer ha sido históricamente la otra, la que no es hombre,
la que ha sido culpabilizada por su mera existencia.

SIMONE DE BEAUVOIR

Somos las pioneras de la nada.
Las culpables del todo.
Las arrancadas de la historia.
Las demonizadas.
Las brujas.
Las del pecado original
en el origen mismo de la vida.
Las que firmamos bajo seudónimo
las letras que sangramos.
Las promiscuas. Las sumisas.
Las silenciadas.
Las que caminamos,
siempre, detrás de un gran hombre.
Pero también...
Las que hoy nos revelamos
reclamando un nombre,
un sitio. Nuestro lugar.

Amelia, tú surcaste los cielos
cruzando el mar.
Hipatia, qué huérfana quedó la astronomía
con tu asesinato.
Qué silencioso tu relato...
mientras la infiel Helena enfrentaba naciones,
a ti te condenaban por negar católicas oraciones.

María Cunitz que corregiste al mismísimo Kepler,
acallando las voces de quienes te mandaban a las tareas del hogar...
pues la ciencia es de hombres
y tú te atreviste a soñar.

Somos las negadas.
Las enterradas.
Un hondo vacío entre Góngora y Calderón.
La mofa de Molière.
Las que calientan la comida y el somier.
Las primeras en nada
según los libros de texto.
Las culpables del todo,
en cualquier contexto.

Que resuciten todas.
Reclamemos la gloria
que les negó la historia.

1er premio de poesía Universidad Popular de Cartagena 2019.
Semana de la mujer.

JAULA DE PALABRAS

El maltrato psicológico es más sutil y más destructivo que el físico,
porque destruye el sentido de uno mismo.

BELL HOOKS

Te amé con la piel desnuda,
pero tú me vestiste de silencios.
Te entregué mis alas,
y las guardaste en una caja
cuyas llaves nunca vi.

Todo empieza con un roce,
un roce de palabras que no suenan duras
pero pesan.
Un «no deberías»,
un «no es para tanto»,
y yo,
una pluma en el viento,
me doblo.
Me doblo sin romperme... todavía.

Es un veneno dulce.
Tu voz,
como agua que fluye en un río manso,
se filtra por mis venas
sin que lo note.
Hasta que un día me despierto
y no sé quién soy.
No sé qué fue de esa mujer
que reía a carcajadas
sin pedir perdón por el ruido.

Me construiste una jaula de palabras.
De miradas que matan lo que no dices,
de silencios que me asfixian
cuando no sé qué hice mal.
Un beso frío en la mejilla,
como una firma en un contrato
que nunca pedí firmar.

Y ahí estaba yo,
bailando con las puntas de los pies
para no hacer ruido,
para no molestarte.
Bailando en una cuerda floja invisible,
donde solo yo caía.

No me golpeaste con las manos,
pero sí con la sombra.
Con la sombra de tu duda,
que pesaba más que mil verdades.
Me robaste el reflejo en el espejo,
me convertiste en alguien
que camina de puntillas por la vida,
sin atreverse a ser.

Las palabras que no dijiste
eran cuchillos,
y las que dijiste,
se clavaban despacio,
como la lluvia que erosiona la roca,
gota a gota,
hasta que deja surcos invisibles
en el alma.

Y yo, yo fui desapareciendo.
Me borré por ti.
Por ese amor que prometías
pero nunca cumpliste,
por ese calor que me dabas
solo cuando te convenía.
Me convertí en un eco,
en la sombra de una sombra,
en alguien que pide permiso
para existir.

Pero no me rompes.
No puedes romper lo que nunca tuviste,
lo que intentaste doblar
sin saber que soy viento,
y el viento no se detiene.
El viento se alza,
arrastra lo que sobra
y vuelve a volar.

Hoy quiebro tus barrotes invisibles,
rompo tus cadenas hechas de aire.
Hoy soy tormenta,
y la tormenta no pide disculpas.
Hoy soy huracán,
y el huracán no se frena por miedo.

Me robaste el eco,
pero yo soy la voz.
Me quitaste las alas,
pero yo soy el cielo.

Hoy me reconstruyo,
grieta por grieta,
porque mi vuelo
nunca fue tuyo.

Y jamás,
jamás volveré
a volar bajo
por miedo
a caer
en tu tela de araña.

Valientes para hablar...
Cuando lo más sensato era callar.
Para pensar «fuera de la caja»
y usar la poderosa arma de la palabra.

Llámalos por su nombre

El mayor mal no es radical; crece y se extiende como un hongo.
Su superficie cubre al mundo entero, y nadie puede identificar
los lugares donde sus raíces se agarran a la tierra.

Hannah Arendt

No, no vuelven.
No pueden volver.
Pero vuelven,
siempre vuelven,
como la sombra que nunca se va,
como el odio que nunca duerme.

No, no vuelven.
Pero ahí están,
en las calles,
en los gritos,

Sí, es fascismo.
Lo llames como lo llames,
es fascismo.

Vuelven.
Con las mismas palabras de antes,
los mismos puños cerrados,
las mismas botas,
la misma promesa de un enemigo imaginado
que justifica sus crímenes.

Es fascismo.
No te engañes.
No es nuevo,
no es diferente,
es el mismo odio,
la misma bota,
el mismo cuchillo
que corta lo que no entiende,
que mata lo que teme.

Es fascismo.
Te lo venden en discursos de odio,
te lo meten en los ojos,
en las venas,
en cada palabra que escuchas en la televisión.

Es fascismo,
y tú lo ves,
lo escuchas
y no haces nada.

Dicen que no vuelven,
pero mira.
Mira bien,
mira el odio que siembran
en las bocas que repiten mentiras.
Mira cómo avanzan,
cómo toman lo que es de todos
y lo vuelven suyo,
mientras tú dices...
«No vuelven, no vuelven».

No digas que no lo viste.
No digas que no lo sabías.
Es fascismo,
y está aquí,
creciendo,
dividiendo,
venciéndonos.

Y no se detendrá
hasta que lo mires de frente,
con los puños cerrados, la sangre hirviendo
y el corazón harto de sus panfletos.
No se detendrá hasta que lo mires a los ojos
y lo llames por su nombre.

La alcantarilla

*El capitalismo ha logrado convertir incluso nuestra capacidad
de resistir en un producto que se puede consumir.*

Naomi Klein

Consumistas de postureo,
instagramers, youtubers,
especialistas en la nada
que se creen saberlo todo.
Princesas amargadas,
ejecutivos con relojes de oro,
marionetas del tiempo,
gurús del sexo sin contexto,
mentiras que hacen caja
y dinero.

Niñas que no quieren ser princesas,
perfumadas con Chanel número seis
y vodka barato.

Machos alfa, violadores en grupo,
pequeños aprendices del maltrato.

Selfis en el baño
de un paraíso que inventas
a medida de envidias.

Quita de ahí que el sitio es mío.

Peces gordos que compran caricias,
con tus impuestos y los míos,
en bares de neón de carretera.

Soñadores sin rumbo ni alas,
ladrones de pensiones y carteras.
Chorizos y corruptos
pueblan las aceras.

Visionarios en las madrugadas,
que por la voluntad hecha moneda,
te leo un futuro que no acierta.

Mentirosos elegantes,
mujeres escuálidas de plástico para ser aceptadas
por la sociedad de cánones imposibles,
hecha a base de moda del vómito.

Sexo y drogas en los tugurios.
Mercancía compraventa de una noche.
Si te he visto, no me acuerdo.

Traidores con pieles de cordero
o, lobos amedrentados.
Manipulaciones convenientes,
secretos de estado.
Embaucadores buscando víctimas
que apuntar en la pared.
Violaciones lícitas,
amparadas por jueces y ley,
agresiones en las calles
de esta sociedad impía.

Espadas sangrantes,
cuchillos voladores espalderos,
suicidios como escape
de esta locura sin sentido.

Déjame sola.
No quiero ver como nos hundimos,
ni escribir unos versos dignos
a la altura
de esa sociedad
que naufraga en su locura.

Versos en pie de paz

La guerra no determina quién tiene la razón, solo quién queda.
MARGARET ATWOOD

Nos dijeron que el mundo era frontera,
que una idea podía separarnos,
que un nombre, un color, una bandera,
eran razón para dividirnos
en un inconmensurable odio.

Nos pintaron la guerra como destino,
como un ciclo eterno que vuelve a empezar,
pero nos ocultaron, y fuimos cómplices,
que ese camino
es el negocio de unos pocos,
el silencio de muchos,
la muerte que abona cunetas
de huesos sin nombre,
de fuego de metralla
devorado por el tiempo.

Y aquí estamos,
tantos cuerpos, tantas voces,
resistiendo al grito que pide más fuego,
más balas, más sombras en el suelo.

No es el odio lo que mueve nuestra marcha,
es el cansancio de ver la misma historia repetida,
el hartazgo de tantas vidas cortadas,
como flores arrancadas antes de florecer.

¿A quién pertenece la guerra?
¿A quién le conviene el dolor?
A ellos, los que cuentan monedas
mientras nuestras lágrimas riegan la tierra,
mientras las madres entierran promesas
y el sol se oculta tras nubes de horror.

Nos dijeron que era justo luchar,
que el enemigo tenía un rostro definido,
pero ¿quién decide quién es enemigo?
¿Quién dibuja el contorno del objetivo a odiar,
cuando todos sangramos por igual?
Cuando todos sentimos miedo,
cuando el frío de la muerte no discrimina
ni raza, ni credo, ni bandera en el suelo.

No somos pocos, no.
Somos miles, millones, un mar infinito,
una multitud de almas que susurran paz,
que anhelan un mundo donde el verso
no sea arma, sino refugio,
donde la palabra no hiera, sino abrace.

Y gritamos: ¡Basta!
Que se callen los cañones,
que enmudezcan los fusiles,
que la sangre deje de teñir las canciones
de los que ya no cantarán.

Queremos un mundo distinto,
donde la poesía no hable de espadas,
donde los versos no lloren por balas,

donde el llanto sea solo de alegría
y no el eco de una batalla que hurga, una y otra vez, en la herida.
Que el papel no sea testigo
de las guerras que se escriben en los cuerpos,
sino de los sueños que construimos juntos,
mano a mano, latido a latido.

Hemos alzado la voz,
muchas voces,
cientos de lenguas que desean lo mismo:
que los niños crezcan sin miedo,
que los ancianos cuenten historias de amor,
que las mujeres ya no lloren en silencio,
y que los hombres no se vistan de uniformes asesinos.

La guerra no es nuestro lenguaje,
no es nuestro destino marcado,
somos versos en pie de paz,
somos el eco de un mundo mejor.
Somos la esperanza que aún respira,
somos la llama que resiste en la oscuridad de la confusión.

Así que, aquí estamos,
con las manos abiertas,
con el pecho al viento,
dispuestos a sembrar lo que ellos destruyeron,
a reconstruir lo que arrasaron.
Porque la paz no es un sueño lejano,
es un derecho,
es el camino que hoy decidimos andar.

Y que tiemblen los que lucran con la muerte,
que se derrumben los que alzan los muros,
porque somos un río imparable,
un caudal de vida,
un canto de mil voces
que se niegan a dejar de soñar.

Que la poesía sea un canto de belleza,
que no se escriba más con sangre,
que no hable de cuerpos caídos
ni de almas rotas,
sino de cielos abiertos,
de campos sin fronteras,
de corazones latiendo en paz.

Porque hoy, más que nunca,
somos versos en pie de paz.

Era de la comunicación

Estamos más conectados que nunca,
pero al mismo tiempo, estamos más solos que nunca.

Sherry Turkle

Tenemos un mundo de posibilidades.
Teléfonos, último modelo,
para las restas y probabilidades,
con cámaras de muchos megas
que reducen arrugas a tu postureo.
Aplicaciones de sexo fácil.
Las hay encubiertas y secretas,
porque la deslealtad sabe mejor
si nadie se entera.
Pantallas táctiles de entrada
a un mercado de carne,
y corazones oxidados por desuso,
y bótox de plástico sin alma.

Mensajes que llegan al instante.
Felicitaciones que llenan muros,
pero vacían la magia que provoca
el escuchar tu voz, sin esperarte.

Tenemos fotos de gatitos,
imágenes atroces, fraudes,
memes con textos bonitos,
ciencias, falacias y ritos.

Tenemos todo un escaparate
con emojis que dibujan sentimientos,
caminos que no llevan a ninguna parte.

Tenemos armas en forma de tablets
anti-lloro de bebés,
que reclaman atención de sus padres.

Tenemos recordatorios, agendas, datos...
tenemos la era de la comunicación
que manipula una falsa ilusión,
mientras estamos todos cada vez más solos.

Manual de buenas prácticas
para no ser un bicho raro

La gente habla mucho de la humanidad,
pero muy pocos saben cómo ser humanos.

Virginia Woolf

Bienvenidos al siglo XXI,
donde ser persona ya es opcional,
mucho mejor ser un avatar,
en Meta, o en cualquier plataforma
de realidad virtual.
Hoy, te traigo un manual sencillo
para no parecer un bicho raro,
porque, claro,
nadie quiere ser demasiado humano
en esta era digital.

Primera regla:
No saludes.
¡Jamás!
Te cruzas con tu vecino y ¿qué haces?
Miras al suelo, al móvil, a la nada.
Haz cualquier cosa menos decir «hola».
¿Y si te devuelven el saludo?
Sería un desastre,
tendrías que hablar,
¡mejor pasar por mudo!

Regla dos, importantísima:
No sonrías.
¿Por qué habrías de hacerlo?

La vida es un puto drama.
El tráfico, el clima, la crisis...
Irán, las pizzas con piña,
las tortillas sin cebolla,
el plástico y las gaviotas...
Que es la mejor rima que encontré
con la dichosa cebolla.
Sonreír es cosa del pasado.
¿No te han dicho que si sonríes mucho
la gente cree que eres raro?
Además,
las sonrisas están en emojis,
ahí es a donde pertenecen.
Mejor no sacarlas de lugar.

Tercera regla:
No hagas contacto visual.
Ese es el peor de los errores.
Imagina que alguien te mira a los ojos,
¿qué haces?
¡Corre!
Nada de conexiones profundas.
Los ojos sirven para ver Tik tok,
no para entender al otro.
¿Y si te entienden demasiado?
Peligroso, mejor no arriesgarse,
sube acaso un *stories* de esos
con ojitos de perro
y vas que chutas y haces gol.

Regla cinco:
No hables con extraños.
Y ojo, que en esta categoría

también entran los vecinos,
los compañeros de trabajo,
y tu tía que no ves desde 2002.
¿Para qué vas a hablarles?
El contacto humano está sobrevalorado.
¿Quién necesita palabras
cuando puedes mandar un *gif* animado?

¿Y sabes cuál es la última regla,
la que todos deben seguir al pie de la letra?
No te conozcas a ti mismo.
¿Quién tiene tiempo para eso?
Es mejor vivir corriendo
y pecar de cinismo.

Pero...
¿y si rompemos este manual?
¿Y si nos arriesgamos a ser humanos otra vez?,
a saludar al vecino,
a sonreírle al cajero,
a dar las gracias sin miedo a parecer raros.

¿Y si lo raro es no sentir?
¿Qué tal si somos raros?
Raros de verdad.
De esos que todavía saludan,
que miran a los ojos,
que ríen sin emojis
y sienten sin filtros,
y se abrazan piel con piel.

Porque, a veces,
ser un bicho raro
es lo más humano que podemos ser.

Cupido 2.0

El amor en las redes sociales no es más que una construcción,
una representación cuidadosamente cultivada.
La verdadera intimidad no se puede compartir con un «me gusta».

Zadie Smith

Cupido 2.0, con alas de «influenser»,
Dispara *likes* a discreción.
Tampoco se para mucho a mirar, digamos...
Digamos...
Que todas las gatas son pardas,
desde cierto ángulo de cámara.

Su flecha digital te nubla la razón,
(o la tenías ya nublada,
encandilada por tanta *mentida* ostentación).

Fotos perfectas con filtros de ensueño,
frases cursis atribuidas a Coelho...
lo que sea para parecer más romántico y erudito.
Parecer, que no ser.
¡No se me confundan de copulativo!
De verbo me refiero,
que luego mal-piensan
y yo sé lo que me digo.

Este cupido 2.0
de momentos idílicos sin defectos.
Una irrealidad que hace estragos
en tu intelecto. Si es que aún te queda...
¡ah! Disculpa... ¡¡que eras perfecto!!

El amor se respira en cada píxel,
en cada caracter,
en cada asterisco o emoji...

Imagínense...
él, un modelo de gimnasio con sonrisa Colgate.
Ella, una diosa *fitness*
con curvas de infarto
(y de silicona que se nota,
pero es *cool* y está de moda).
Posan en bikini bajo el atardecer.
Hasta su *hashtag*: «#amoressinceros»
te hace enloquecer.
Viajes exóticos,
cenas *gourmet* que no les engordan...
A ellos,
porque tú prueba a hacerlo
y acabarás diciendo
que el michelín es bello
y cuesta mantenerlo.

Su relación parece un *reality show* sin fin.
Una envidia insoportable
que te engancha y quisieras para ti.

Pero... la batería se agota
y la verdad aparece.
Los filtros se caen
y la cruda realidad te envuelve.
Los *stories* no muestran
las peleas a gritos,
ni los platos sucios
que se acumulan en rincones malditos.

La suegra, reina del comentario sarcástico,
opina sobre cada foto con la vecina del ático.
El perro, travieso y juguetón,
se orina en el colchón,
mientras ellos discuten
sin ton ni son.

Disculpad que se me haya muerto
el romanticismo de poetisa amargada
en esta farsa digital.
Pero es que
ya no sé cómo gritar
que el amor real
no necesita filtros ni aval.

Ríe de los ronquidos,
baila con la ropa sucia,
disfruta de la suegra,
a pesar de su ironía.
Ama a tu perro
con pelos y travesuras,
y construye un amor real,
sin tanta impostura vacía.
Que la imperfección
debería ser la nueva normalidad
y, ¡coño! ¡que celebres tu relación,
sin tanta tontería!

Valientes para permitirnos SENTIR
Para permitirnos AMAR, correr ese riesgo y huir de la comodidad.
Para permitirnos deshacernos en llanto,
porque eso no te hace débil, si no humano.

El amor es otra cosa

El amor no es una cuestión de dependencia,
sino de libertad compartida.

ANAÏS NIN

Heroína.
Heroína que te transporta
al paraíso ficticio
de las endorfinas.
Un cóctel Molotov
de hormonas y química.
Eso son las mariposas
que te muerden,
que te elevan y arrebatan
el sueño de tus noches
en vela. Y te consume el ansia.
Pero la heroína mata.
Y se necesita. Y también se busca.
Y mata.

Cuentos.
Son cuentos de princesas de altas cunas
y también de bajas camas.
En el mundo real, los sapos son sapos
y algunos príncipes matan
(como la heroína).

Mírame, mi niña,
porque yo he amado...
he amado sin medida,
desde el fondo de mi esencia,
y, en lugar de perder mis alas,
siguen clavadas en mi espalda.
Porque el amor suma
y no resta, ni obliga, ni dispara
palabras que hieren de muerte el alma.
No escupe sentencias.
No ordena. No exige. No ata.
El amor es libre
y, por eso, se elige.

Mírame, mi niña...
que nunca hombre alguno
me hizo pisar baldosa
obligada por miedo a perderle.
¡Que los celos son celos!
y el amor es otra cosa.

Hasta las más bellas historias
un día acaban.
Y lloras y te vacías
y echas de menos
y... ¡te levantas!
Sí, te levantas.
Porque eras tú
antes de conocerle
y seguirás siendo tú
mañana.

El amor de verdad...
¡mírame!, el verdadero amor
es lo que hay detrás.
El amor no tiene palabras
que se acerquen a describirlo.
El amor es vida
y hay que vivirlo.
Y lo harás
cuando entiendas
que es todo aquello
que suma sin restar.

Separación de bienes

Al final, lo que queda son los recuerdos y las pertenencias,
pero lo que realmente importa es lo que aprendemos
y lo que decidimos dejar atrás.

CHIMAMANDA NGOZI ADICHIE

Es hora de que repartamos
lo que es tuyo y mío.
Lo que queda del naufragio
de todas las naves que quemamos.
Puedes quedarte con el tiempo pasado,
con todos los segundos que invertí
luchando por tu causa, tu sueño,
tus deseos y solo tus anhelos.

Me quedo con el tiempo futuro
que camina hacia nuevos horizontes.
Con un nuevo escudo
forjado con la luna nueva de mis noches.
Con una nueva espada, que es pluma y rumbo.

Aquí tienes mi colección de cuchillos.
Disculpa que aún lleven mi sangre
de la herida abierta
y el retumbar de los gritos.

Yo me quedo con las cicatrices,
incluso con las letales,
las que cuentan toda la verdad.
Las que indican el lugar
al que no se ha de volver jamás.

Quédate con todos los momentos compartidos,
los buenos y los malos,
mi memoria no quiere conservarlos.
Te regalo todo lo vivido.
Mi tristeza y sus causas. La boria,
la soledad, las súplicas y el hastío.
Quédate con el hecho de habernos conocido.
Te regalo nuestra historia,
que ya no es nuestra, y menos mía.

Yo, del naufragio, solo me quedo
con el timón y las velas,
con el nuevo viento a favor, con el puedo
que ya pesa mucho más que el debo.

Quédate con todo nuestro pasado,
que yo me llevo el futuro y una vida
nueva con todos mis sueños postergados.

Nieve en Callao

A veces, dejar ir lo que amamos no es una decisión sabia,
sino una herida que nos deja cicatrices profundas,
pues amar significa estar dispuestos a atravesar los valles
del dolor y la pérdida.

Clarissa Pinkola Estés

Apagó su cigarrillo y lo pisó,
sin demasiado afán,
con la punta gastada de la bota.
Un copo de nieve, solitario,
rozó el dorso de su mano
como un recuerdo aferrado a la derrota.

Quizá no era la mejor persona del mundo,
pero con ella
el mundo brillaba de otra forma.
Quizá tampoco era la más hermosa,
pero él la sacaría a bailar
como si la pista fuera su reino
y su risa la corona.

Para otros,
parecían recién presentados,
pero ellos sentían
el eco de algo antiguo,
un hilo invisible entrelazado.

No podía llamarla amiga.
No sabía estar cerca sin tocarla,
sin sentir que todo a su alrededor
se tornaba fuego.

Ella era su aliada,
la única que habitaba su laberinto sin miedo.

Tal vez, estaba loca.
Tenía que estarlo
para buscarlo tan lejos,
aquel día enterrado en calendarios,
en un tiempo que la vida ya había borrado.

No era lo correcto,
ni lo sensato.
Tal vez ni siquiera lo necesario.
Pero hay cosas prohibidas
que laten más fuerte
precisamente porque no pueden alcanzarse.

Aunque la razón trazaba mil barreras,
su corazón las rompía todas.
Una y otra vez,
como un tambor que no sabe rendirse.

Eligió alejarse.
Eligió el frío.
Eligió el peso de las cadenas,
aunque sabía que, con ello,
también elegía perderse.
Los años pasaron,
pero aquel copo helado
le mordió los dedos como si fuera ayer.
A veces era una canción,
otras, el nombre de una calle compartida.
Nunca se iba.

Ni en el humo, ni en las sombras,
ni en las noches sin salida.

Cerró los ojos.
Dibujó un suspiro en el aire
y lo dejó escapar.
Ella pensaría lo mismo,
allá donde estuviera.
No había respuesta para ese espejismo,
ni verdad que pudiera alcanzarla.

Suspiró otra vez.
Esta vez, resignado,
sin abrir los párpados,
porque con los ojos cerrados,
todos los diciembres nieva en Callao.

Un final sin adiós

*Decir adiós es un acto de valentía, porque significa que dejamos ir
lo que ya no nos pertenece, aunque nos duela.*

ISABEL ALLENDE

No digas nada, ya está dicho,
evitemos el eco del mismo error.

Me cobijé en tus brazos,
un mapa de caricias,
nos curamos en abrazos.

Fui tonta al despedir
tu sombra sin cuerpo,
en la estación vacía,
donde aún te espero.

No regreses,
mantengamos la memoria intacta,
donde fuimos capaces de habitar
nuestro propio reflejo.

Pero vuelves,
y mis ojos brillan más,
los colores bailan,
el mundo parece un lugar mejor.
Mas siempre el miedo,
a perderte,
a que te deslices
como agua entre los dedos.

Te sigo queriendo,
y te extraño sin remedio,
en la cama vacía de mi mente,
la nostalgia me arrastra,
y el miedo se clava
en la piel de la espera.

Dime, si no puedes olvidarme,
¿por qué nunca regresas para quedarte?
¿Por qué huyes?

No, no me respondas,
ya no quiero saber.

Tú, vencedor del juego y la historia,
no caíste en la casilla de la plena felicidad,
pero tejiste una vida a tu medida,
sin nosotros en la ecuación.

Amante o amigo,
somos las sombras de lo que fue,
es estar,
sin estar conmigo.

Calla.
No digas nada,
esto ya se termina.

No diré adiós,
ni tú ni yo supimos cómo.

Te vas otra vez,
llevándote la mitad que me quedaba,
dejando la cuenta a cero.

Sí, una lágrima cae,
y mi sonrisa no es engaño,
este final sin despedida,
aunque necesario,
me deja tiritando de frío.

No voy a olvidarte,
no quiero olvidarte,
y sobre todo,
no puedo olvidarte,
aunque no tengo nada que decir,
desde que te fuiste sin ruido,
sin razón ni explicación.

Como siempre,
en esta historia,
quizá tú seas el vencedor.
O tal vez,
perdimos los dos.

A veces me canso de ser fuerte

La gente fuerte no es aquella que nunca ha sido herida,
es aquella que ha sido herida muchas veces y sigue adelante.

Gloria Steinem

A veces, me canso de ser fuerte también.
Y caigo. Y no encuentro manos
a las que asirme, ni brazo
que me rescate de cenizas y calvarios.
A veces, la armadura de guerra cae
y arrastra todas las corazas,
y los fantasmas vuelven al armario
que creías enterrado
bajo siete llaves.

A veces, me canso y lloro
hasta quedarme sin lágrimas,
con escozor de ojos
y roturas en un corazón
que hace aguas,
lleno de cicatrices y hendiduras.

A veces me rompo
y me ahogo en un mar de dudas
que extinguen mi luz,
y la culpabilidad llama a mi puerta
porque yo soy «la fuerte»...
no la muerta.

El universo de mi techo
cae sobre mis hombros,
y el peso de lo injusto
convierte ilusiones en escombros.
Y me duele el silencio,
y el ruido, y el pasado que aúlla,
y me da miedo el futuro incierto.

Y te busco y no te encuentro...
y siento la dentellada desgarradora
de una soledad impía.

A veces me canso de ser fuerte
y de defender la alegría.
Y siento deseos de mudarme
de ciudad o de planeta,
a cualquier parte
que no sea aquí.

Y me acurruco debajo de las mantas,
y maldigo mi suerte,
como si el frío pudiera salvarme
de este cansancio que me muerde.

A veces, me canso de las máscaras,
de las sonrisas que debo llevar,
como una piel ajena,
como un refugio que ya no está.
Pero en el silencio de mi insomnio,
algo se enciende, sutil y fiel,
una verdad que se oculta en el vacío:
ser fuerte no es no caer,
es saber cómo dejarse ir
y seguir siendo quien soy.

No pasa nada por no tener respuestas,
por no ser siempre la que sostiene el peso del mundo.
Porque en cada grieta,
en cada pliegue de mi ser,
hay una belleza rota,
un coraje que se esconde en los restos
de lo que fui.
Y el miedo, que antes me desgarraba,
ya no tiene poder sobre mí.

No soy débil por necesitar descanso,
por rendirme cuando el alma lo pide,
porque la verdad es que, a veces,
la fortaleza está en permitirnos ser vulnerables.

Es un acto de valentía,
un susurro de humanidad
en un mundo que espera que nunca caigamos.
Así que me canso,
y me dejo ser,
y me abrazo en mi imperfección,
porque solo en ella soy completa.
Y, aunque el cansancio me abrace,
sé que la vida, con toda su crueldad,
también se escribe en estos momentos,
cuando ser fuerte es solo
ser humana.

QUE NO TE DÉ PENA

La alegría es una forma de resistencia.
Es una forma de decir: «A pesar de todo, aquí estoy».

ALICE WALKER

Él me dijo:
«Hay cosas que me dan pena,
sobre todo, no haberte ni habernos dado más,
pero tuvimos que seguir nuestros caminos».

Yo le respondí:
que no te dé pena.
Que nunca nada te valga la pena,
si no la alegría.

Que valga la alegría el simple hecho
de habernos encontrado,
el abrazo a destiempo
que reparó un corazón en ruinas.

Que valga la alegría esa noche fugaz,
cuando la lluvia nos duró doce años,
cuando sobraban los nombres
y nos pesaba la ropa.
Que valga la alegría
que aún hoy nos queremos,
que sobran recuerdos
que iluminan las noches grises,
y nos sigue sobrando la ropa.

Que no te dé pena.
No nos rendimos: volamos.
Nos rompimos, sí,
pero sin dejar de ser eternos
cuando los relojes callaron
y el tiempo dejó de existir.
Cuando el silencio
era un beso suspendido
en el aire entre dos almas.

Que no te dé pena no saber qué habría sido.
Prefiero que valga la alegría
lo que aún pueda ser.

Que no te dé pena, nunca, nada, jamás.
Porque tu sonrisa
siempre me valió la vida.
Que no vale la pena.
Y siempre me valdrá la alegría
que, a pesar de los pesares,
sigues estando aquí,
en mi historia,
en mi piel,
en mi poesía.

QUE ME DISCULPEN

Las oportunidades que no aprovechamos nos siguen,
y se convierten en fantasmas que nos susurran lo que pudo haber sido.

AUDRE LORDE

Que me disculpe la vida
por cada segundo que no la viví;
por cada instante que no pude
o no supe apasionarme.
Que me disculpe,
porque es la única
que, cuando todo falla,
no te abandona.

Que me disculpe la luna
por todas las lágrimas
mías que se tuvo que beber,
por las madrugadas a solas,
por la falta de besos
al borde de la aurora.
Que me disculpe
porque, siendo mi confesora,
me olvidé de celebrar con ella
la mayoría de las carcajadas.

Que me disculpen mis amigos
si les faltó un abrazo o consejo,
o una tarde de birras y risas,
o esperaban aquella llamada
que no se produjo.

Que me disculpen
aunque no les haga falta,
porque siempre he tenido
la gran suerte de poder elegir
a quién, cuándo y cuánto
forman parte de mi vida.
Así que, en esta nueva era,
doblaré abrazos y consejos
y cervezas,
porque pueden faltar,
pero sobrar...
sobrar, nunca sobran.

La valentía y sus rostros

La verdadera valentía no siempre es grandiosa; a menudo,
es levantarse cada día y enfrentarse a la vida con el corazón abierto.

Clarissa Pinkola Estés

Valiente no es el que conquista,
ni el que se alza como bandera.
Es el que cruza los puentes quemados
y sigue caminando,
con las cenizas pegadas a los pies.
Valiente es el que respira
cuando la garganta es un nudo,
el que lame el cuchillo
y escupe sangre
porque sabe que su boca
es el único filo que cuenta.

No se trata de sobrevivir.
Eso lo hace cualquiera.
Se trata de arrancarse las cadenas,
aunque sean las tuyas.
De mirar a los ojos al miedo
y llamarlo por su nombre,
aunque el eco te desgarre.

Hoy no vengo a decir que somos fuertes.
No lo somos.
Estamos hechos de grietas y remiendos,
de noches que mastican los huesos
y días que no terminan de amanecer.

Pero aquí estamos.
No porque sepamos el rumbo,
sino porque aprendimos a sembrar en el polvo.
No porque el fuego nos perdone,
sino porque danzamos donde otros se rompen.

ÍNDICE